JN441353

모국어를 읽는 시간

신춘희 시조집

모국어를 읽는 시간

Sijo Poems by Shin chun hee

동학시인선 129

■ 시인의 말

이 나라, 화려한 금수강산에 사는데 나는 외롭다.

외로울 때 당신은, 어떻게 견디는가.

시조 쓰는 나는 모국어를 찾는다. 모국어를 읽는다. 모국어에 깃든다. 모국어를 마신다. 모국어를 수혈 받는다. 모국어에 안겨서, 운다.

마음의 안과 밖이 폐허라서.

2025. 6.

신춘희

모국어를 읽는 시간 신춘희 시조집

1

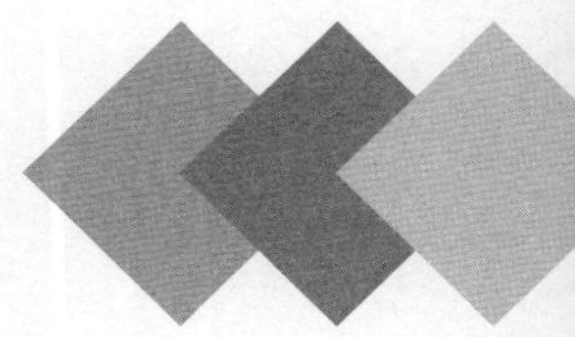

2

1

뱀

화사한 꽃그늘에
동맥 같은 시 한 줄

생사生死가 오고 가는
우주의 회로 같다

감각에 반응할 때는
곡선이 언어다

종이의 마음

'서정시의 절창'이라는 띠지를 달고
지방 출판사에서 시집이 출간됐다
무명의 그늘만큼이나 허술한 활자의 집
떨리는 손으로 페이지를 넘긴다
감정이 바닥나서 지친 제목들
호명을 하기도 전에 어깨부터 울먹인다

절창이면 뭐하나, 생활이 폐허인데
육체가 말라서 부서지는 문장들
시간의 풍장風葬 같아서 종이는 먹먹하다

외신 보도

\- 2025년 4월

\- 한국의 민주주의를 높이 평가한다

\- 국민이 권력에 진실을 말했다

\- 한국의 헌법재판소는 미국 대법원보다 윤리적이다

결국 권력은 좌파 우파가 아니라

옳고 그름이 정확한 중추中樞다

그래야 모든 권력이 국민으로부터 나온다

필사筆寫

꽃은 오래가지 않는다
갈증 난 사랑처럼

자연을 대하는 일에는
항상 마감이 있다

짧은 봄, 격하게 즐기자
취소할 수 없으니

간병의 기술

그대의 손이 건너온다, 나의 가슴에
체온을 만지고 옷깃을 여며주고
이마에 물수건 얹다 주춤하는 손가락
그대의 간병이 아무리 지극해도
목련이 지듯 구차하게 갈 것이다
노을이 수몰되는 곳, 환각의 늪으로

가끔은 정신줄 놓고 사색이 되지만
닿는 손길만으로도 위로를 느끼는 나
그러나 무슨 소용 있을까, 지병持病은 허무인데

단원의 백매白梅

살은 다 추리고 뼈들만 남겼다
선이 지나가다가 잠시 숨 고른 자리
함박눈 물이 올라서 유두처럼 솟았다

단원은 말했지, 내일 굶어 죽어도
오늘 매화를 시처럼 즐기겠다!
아 나는, 얼마나 죽어야, 저 경지에 닿을까

감각을 읽다

겨울비 받아서 손가락으로 으깬다

터지는 소리가 현絃보다 드맑다

파동이 파장과 부닥쳐 물크러지는 물즙

혀끝을 대 본다

달보드레한 질감

젖꼭지처럼 봉긋하다

물집의 껍질이

혼처럼 고물거린다

봄이라는 배아가

반성문

손바닥만한 마당에 잔디만 남기겠다고

애기풀 어른 풀 가리지 않고서

모질게 솎아내지만 죽기 살기로 저항한다

전쟁을 치르느라 종일 나만 바쁘다

착한 저 풀들은 아무 죄도 없는데

그래서 화해하기로 했다 평화협정 맺기로 했다

소묘素描

남쪽 마을 통영이 코발트블루로 익고 있다
파도와 포말은 누비질 한창이고
하늘과 바다의 입술은 선으로 포개졌다

고래의 물기둥에 모닥불 지피는 저녁
호텔 테라스에서 홍시 칵테일을 마신다
섬들은 중년의 아이스크림, 고독한 주전부리

공부

겉은 바삭하고 속은 촉촉한 창수

겉은 촉촉하고 속은 바삭한 종남

오늘도 두 친구에게서 속과 겉을 배운다

문장으로 남긴다

'관 뚜껑을 닫아봐야 인생은 끝난다'
고인의 이력이 그때부터 회생回生되듯
지상에 머무는 것들에게는 의미가 없는 말

영결식에서 듣게 되는
이 짧은 조사弔辭는
사람을 숙연하게 한다
그것도 아주 많이

시인과 시에게 하는 말 같아서,
그게, 진실이어서,

따스한 성찰

어린 시절에 엄마가 말씀 하셨어

너는 성질이 급해, 말이 너무 빨라

게다가 참을성도 없어, 그래서 걱정이야

물컹물컹 말랑말랑 몽글몽글 보들보들

너를 반죽하듯이 개고 또 개서

까칠한 각을 구부리듯 둥글게 해주고 싶어

말에도 수렁이 있고 바닥이 있다

충동이 있고, 울화가 있다

어머니 떠나신 뒤에야 그 뜻을 알았다

역설적

'알박기'라는 말에는

폭력이 가득하다

알은 우주라서

부화가 되는데

사람들, 무지막지하게

생명에 못 박는다

봄밤의 은유

나무의 숨소리 너무 듣고 싶어서
연필을 깎는다, 깊고 푸른 밤
소리가 귀에 쌓인다, 사각사각 사각사각

배나무 가지를 스치는 달보다
여리고 맑고 고와서 애틋한 소리
글자에 물이 올라서 종이는 촉촉하다

왜 이리 살가울까, 부푸는 소리들
나무 심 끝에서 새순이 돋는다
아 시다, 아니 에세이다, 슈만의 꿈이다

여의도를 걷다가

세계가 아니, 우리나라가

정치의 폭거에 시달려도

어둠의 심장인

빛으로 있거라

세상의 실핏줄이니까

시야, 너는

벚꽃 엔딩

어느 한 시절, 절정의, 기백에 넘치더니

슬프다, 저것은, 누구의 다비식인가

몰락의 하얀 현장에는 가지 말았어야 하는데

기어이 보고 말았구나, 그것도 푸른 대낮에

언젠가는 나도, 질 수 있다는 필연을

저리도 화사하게 일러주는 수의壽衣 같은 꽃잎들

달팽이

잘 보고, 잘 듣고

바르게 알기 위해서는

느리게, 느리게

바닥을 기면서

사물의 존재에 대해서도

골똘히 집중하자

아득한 거리를

아늑한 거리로

따뜻하게 긍정하면서

느리게, 느리게

그늘을 즐기며 가자

소풍에 들듯이

나는, 사람도 아니다

슬픈 것이 모두 다 아름답진 않지만,

아름다운 것들은 이상하게 다 슬프다

오늘도 당신을 안으려고 숨어든 여인숙

새처럼 바들거리는 당신을 보면서

죄책감에 울었다, 감정이 격해져서

그러다 자포자기하듯 당신을 또 건넌다

혼란에 빠질수록 오아시스 같은 당신

사랑한다, 사랑한다, 난발을 하면서도

깨끗한 약속은 주지 못했다, 가난을 핑계로

보성

햇차 한 잔 마주하고서

행복한 당신과 나

다정한 대화

꽃피는 웃음

살아낸 날들이 와서

햇살로 동석한다

쓸쓸해서 적는다

'먼 길 떠나셨음, 늦은 밤 자정 무렵'

짧막한 소식이 SNS에 올라왔다

보란 듯 암을 이겨내고 다시 볼 줄 알았는데

철렁 밖에 따로, 받을 게 없는 요즈음

느낄 것도 읽을 것도 깊이 생각할 것도

부고訃告다! 메멘토 모리, 눈물 한 방울의 청구서

얼음의 발찌

임진강 여울목

겨울나는 두루미 떼

잠에 들려고

외다리로 서서

머리를 날개에 묻었다

무덤 같은 포즈

강물은 흐르면서 삭정이 같은 다리마다

살얼음의 발찌를 울음처럼 채운다

어둠을 무등 태우고 하류로 가는 모래알들

부드럽다

한 송이 개별자로서 너를 존중하지만

사는 일의 표준은 더불어에 있더라

힘들 때 기억할 것은 우리라는 연대감

너는 너이고 나는 내가 아니라

너의 편이거나 나의 편이 아니라

격려로 어깨동무하는 과묵한 인칭대명사

쪼개고 흔들고 대립하는 것들아

바람이 부는 날 들에 나가서 보아라

풀들은 쓰러질 때도 일어설 때도 부드럽다

고비사막에서

난폭한 소나기처럼
별들이 쏟아진다

소금같이 우박같이
무더기로 후두둑

머리에 하얗게 박힌다
쾌적하다, 수지침

수행자들

스님이 걷다가
마당가에 앉으신다

– 올해도 왔구나
봉곳이 솟은 풀꽃

– 궁금해 다시 왔습니다
말씀을 얻으려고

– 무엇이 궁금한고?
– 죽고 사는 일이요

- 나도 그것이 궁금해

이 집에 왔단다

그러니 함께 찾아보자꾸나

그것의 실체를,

3월의 눈

강변을 걷는데 함박눈 내린다
노인 내외의 성근 머리에
굽은 등 굽은 어깨에 내려서 글썽인다

이른 봄에게 인사를 하듯
겨울이 배송한 작별의 꽃인가
민들레 솜털을 닮아 보송한 보풀들

그날 강둑에서, 새처럼 웅크리고
아버지, 어머니, 하고 중얼거리다
하늘한 눈에 맞아서 기절할 뻔했다

벌초伐草

한식이나 추석 무렵이면 이발을 해드렸다
아버지는 피란민, 죽어서도 피란민
피란민 자식인 내가 유일한 보호자라서

고봉밥 같은 봉분은 당신의 두상
머리칼 다듬고, 면도해 드리고
듬성한 탈모 자리엔 부분 모발을 앉혔다

마무리 빗질 정성껏 해드리고
종이컵에 소주 한 잔 정성껏 올리고
나 떠난 뒤를 생각하다가 목이 울컥 잠겼다

기쁜 우리 늙은 날

바라보며 싱긋 웃고
부둥켜안고 토닥토닥

구부정한 등 쪽에서
가슴으로 깍지 낀다

사랑은 묻는 것이 아니라
느끼는 것이라서

비자림, 소고小考

제주 비자나무는 홀로 살지 않는다
거두고 내주며 울타리 없이 산다
붙박이, 세입자들도 넉넉하게 거두면서

'착한 것들은 하나 같이 다정하다'
우직한 고목일수록 나이테에 새기며
주변에 파종을 하듯 꽃을 피워 전한다

바야흐로 비자가 익어가는 비자림
향기는 순정하고 목질은 견고하고
그 누가 바둑돌 놓는지 소리가 청명하다

극락암

가을밤, 아그배 열매가
밤새 떨어져서

풀벌레들의 콘서트가
전격 취소됐다

아무도, 아무도 모른다
산사의, 스님도

문장연습

친구가 떠났다 밤 사이 안녕했다
영정사진 액자가 그의 집이다
환하게 웃고 있지만 곽 속은 심란하다

이승과 저승을 정확히 공부하라고
이순耳順을 지나면서부터 신은 나에게
문상과 애도의 성소에 툭 하면 초대한다

그러나 절을 하면서 속으로 울다가
전화 걸 수 없다는 낙망에 사로잡혀
억장은 속수무책으로 무너지기 일쑤다

한파주의보

무안공항 여객기 참사, 이태원 사람 참사,

세월호 참사, 대구 지하철 참사,

그리고 삼풍백화점 붕괴, 성수대교 붕괴까지

말러를 들으면서 해일처럼 침몰한다

죽음이 예술적으로 대책 없이 일어나는 곳

격하게 살벌하구나, 화려한 금수강산

왜 그러니 조국아

이것이 나라냐?

살려고 태어난 곳에서

죽어야 살다니!

오 주여, 굽어살피소서

비극을 멈추소서

4월

종달새를 본지 오래다

소리가 파란 새

4월의 보리밭에

둥지를 틀고서

자유의 하늘로 솟구치던

폭탄 같은 텃새

자신이 살아 있다는

사실을 각성시키듯

하늘이 금 가도록

노래를 폭파시켰지

아아아 노고지리여

둥지 속 평화여

슬픈 통화

출가시킨 시들에게서 전화가 왔다
세파를 감당하기가 너무나 힘들어
생업을 폐업하고서 이직하고 싶다고

그래도 해를 맞듯, 기다려보자, 하려다
입을 닫았다, 못할 짓 하는 것 같아
한숨이 환란처럼 건너와 정신을 덮쳤다

나날이 벼랑인데 시詩는 고귀하다고
시업은 지킬만한 선대의 가업이라고
가난도 지복至福이라고 말할 수가 없었다

과일의 정치학

수박은 겉은 푸른데 속은 붉다

사과는 겉은 빨간데 속은 희다

토마토는 정직한 과일, 겉과 속이 다 붉다

우파인 것 같지만 좌파인 사람

좌파처럼 보이지만 우파인 사람

겉과 속 모두 붉어서 좌파인 사람

가장 위험한 논쟁적 비유가 수박론이다

분단이 가져온 과일의 정치학

중도의 씨를 말려서 중도는 살 수 없다

오늘은 맑음

인간은 죄인이다
햇빛 바람 비 눈

우박 서리 이슬
대를 이어 쓰면서

한 번도 세금을 내거나
기부한 적이 없다

어른이 그리운 날에

사람의 이름 앞에 '어른'을 붙였다
정직한 한약사, '어른 김장하'
기부가 생활이라서 탄생한 말 아니다

이웃을 돕되 침묵으로 그 일 숨기고
'줬으면 그만이지'를 철학으로 삼은 분
선행이 철철이 피어 '어른'을 품었다

진주에 사람이 있다, '어른 김장하'
겨울 속에서도 봄으로 사시니
사람이 그리운 날에는 그 행적에 깃든다

창

한집에 살아서 무사無事한 줄 알았는데
대책 없이 봄이 가듯 사내가 죽었다
숨진 지 일주일 만에 사체가 발견됐다
관심을 잠그고
애증을 키우며
그림자로 살다가
속절없이 무너졌다

가끔은 창窓을 열어야 한다
환기를, 시키려면

한국인의 밥상

- 배우 최불암의 말

'한국인의 밥상'에서 하차하는 날이다

"TV라는 것은 삶의 칠판 같아야 해

사람의 그리움을 담는 저장소 이거나

전국 방방곡곡 다니며 지역 대표 음식과

그 안에 깃든 지혜와 가족의 손맛

정들을 느끼고 전하면서 자부심이 아주 컸어

문화와 역사를 품는 멋진 프로그램이었지

좋은 방송이 좋은 나라를 만들어"

시조를 쓰다 말고서, 허겁지겁 받아 적었다

행복한 아이러니

저승의 사자가

젊은이 데려러 왔다가

본분도 까맣게 잊고

구경만 다녔다

지구가 극락이고 천국이라서

귀화하고 싶다며

해석이 꽁트다

'베스트셀러 대신 영감靈感을 팝니다'

시골 할매 둘이 서점 앞을 지나가면서

"저 봐라, 영감令監을 판단다, 요상한 가게네"

"하이고! 신물 난다 그 놈의 영감, 영감"

"그래도 궁금은 하네, 어떤 영감 파는지"

할매 둘 지나가면서 힐긋힐긋 돌아본다

뿌리의 힘

1

김수영의 '풀'을 읽다가 골똘히 생각했다

바람과 풀 사이에서 전개되는 격렬이

어쩌면 '진정한 저항'에 처방이 될 수도 있다고

민주주의를 지켜주는 마지막 방어벽은

여의도 국회와 헌법이 아니다

광풍과 미풍 사이에서 연대하는 부드러움

2

누웠다 일어서는

탄력은 정직하다

그 힘의 근원지는

유연한 허리이고

파랗게 물결치는 동력은

뿌리가, 에너지다

스케치

구영리 밤하늘에

달 떴다, 보름달

낮게 낮게 내려와서

산하를 흘러간다

마을의 지붕 스치는 소리가

물소리보다, 맑다

학습의 시간

할머니와 손주가 밭둑에 앉았다

얘네들의 이름이 잡초라는 것이여

아직은 인정받지 못해서 서러움이 많단다

그래도 무시하거나 외면하지 말아라

혹시 귀하디귀한 약초가 될지 누가 아니

할미가 너를 존중해주듯 너도 그렇게 해라

늘 하는 소리 다만 보잘것 없고 하찮은 것들이

사실은 착해서 애틋하고 지혜롭단다

잡초를 유심히 살피면 배울 게 참 많어

엿

칠순을 넘으면 함부로 엿 주고

받는 것 아니다, 먹는 것 아니다

무심코 입에 넣다가 낭패당할 수 있다

엿 먹다가, 금 봤다!

할 수도 있지만

쓰으팔, 엿 같네

이럴 수도 있다

함부로 엿 주고받지 마라

칠순을 넘으면,

울며 쓰는 에세이

사무치게 그립다, 고향에서 듣던 비
안개비, 이슬비, 여우비, 가랑비
댓잎에 회초리 치듯 후둑이던 장대비

풀 죽은 푸성귀처럼 객지의 골목을
빗소리와 걷다가 어느 대폿집 구석
그림자 데리고 들어가 구겨지면서 운다

고양이 수염으로 낮잠을 더듬거나
사자의 포효로 마을을 할퀴거나
파랗게 가슴을 흔들던 빗소리 듣고 싶어

화재, 이후

검은 산, 검은 숲

검은 들, 검은 집

낮이나 밤이나

죽음의 색이다

그래도 햇볕 드는 쪽부터

새순이 돋고 있다

장편掌篇

어둠의 안쪽으로 떠밀려 가다가

발소리와 그림자의 투덜거림을 들었다

후레쉬 준비하지 않아서 탐사가 난감하다고

어둠의 안쪽은 환하다

확신하는 사람과

아니다 더 어둡다

의심하는 사람이

결국은 서로에게 깃든다

곁핍을, 느껴서

썩지, 않으려면

슬픔은 인생의 재화
울음의 수원지

그래서 비축이
능사가 아니다

이따금 눈물로 씻어야 한다
썩지, 않으려면

실향

고향은 제주인데 스물다섯에 떠나와

팔도를 떠돌다 울산에서 늙었다

고향은 수평선보다 멀다 죽어서도 못 간다

‘생태生態’

– 천경자의 그림

이제 막 생을 얻은 수십 개의 실타래가
바다에 배를 깔고, 서늘해서 아름답다
달콤한 긴장을 품고 전류처럼 고물댄다

색색의 허리띠
찔레순 넥타이
실비단 스카프
파스텔 오랏줄
화사한 대가리 끝에서
벙그는 혓바닥들

2

어머니의 모국어

바늘 실 골무 바늘겨레 실패 실밥
매듭 보풀 인두 인두판 다리미
바늘집 실첩 바늘첩 반짇고리 누비질

감치다 공그르다 깁다 누비다
꿰매다 덧깁다 땀 박다 볼달다
사뜨다 상침질하다 송당거리다 숭덩거리다

사치다 징거매다 징그다 짜깁다
홀치다 창받다 호다 휘갑치다
어머니 바느질하실 때 동무하던 모국어

모국어를 읽는 시간

내가 한국인인가, 근원이 흔들릴 때
이희승 국어사전을 사무치게 읽는다
숨결만 살짝 스쳐도 피가 도는 모국어

한들한들 감실감실 다래다래 그렁그렁
퐁당퐁당 아삭아삭 방글방글 콩닥콩닥
빙그레 후두둑후두둑 눌눌 가긍스레

소곤소곤 재잘재잘 도란도란 보송보송
몰몰 꽃잠 나비잠 모꼬지 감또개 먼지잼
볼우물 야스락야스락 봉실봉실 우물지다

너나들이 여낙낙하다 상그레 보스락보스락
방글다 고스러지다 깜냥깜냥 보암보암
오소소 함초롬하다 사뜻하다 마뜩하다

또바기 곰살궂다 시나브로 사랑옵다
꽃보라 개밥바라기 안다미로 퍼르퍼르
희나리 달보드레하다 꽃눈깨비 허우룩하다

팔목이 아프도록 종이에다 옮긴다
시간의 부피만큼 살이 되는 모국어
댓잎이 소나기 맞듯 쇄락해지는 내 영혼

즐거운 말놀이

'가출'을 뒤집으면 '출가'가 되고
'자살'을 뒤집으면 '살자'가 된다
세상사 마음 먹기다, 아니 그런가

'학대'를 뒤집으면 '대학'이 되고
'반동'을 뒤집으면 '동반'이 된다
개꿈도 해석하기다, 그렇지 않은가

나이를 먹으니 말놀이가 즐겁다
팔자 고쳐 주듯 역할을 바꿔주니
표정이 환해지면서 나도 행복해진다

결

안동 모시같이 질감이 까칠하다
우려낸 햇차같이 연하고 슴슴하다
끝내는 관능에 깃드는 파랑의 주름 같다

숨결 머릿결 나무결 구름결 귓결
바람결 물결 실물결 꿈결 잠결
잔딧결 손결 소리결 살결 말결 노을결

무늬고 리듬이고 머물 수 없는 노래다
물 오른 감각의 다정한 파동이다
말들은 죽지 않는다, 결과 함께 사는 한

잘 익은 모국어 한 상자

폐허가 된 마음에 우리 나무를 심는다

배나무, 복숭나무, 감나무, 밤나무, 자두나무, 앵두나무, 살구나무, 밤나무, 다래나무, 머루나무, 산딸기, 꾸지뽕나무, 팥배나무, 돌배나무, 대추나무, 매실나무 …

모국어 쑥쑥 자라듯 아름드리로 크거라

나무들 가장자리에 우리 식물을 들인다

미나리, 쇠비름, 달래, 냉이, 씀바귀, 질경이, 앉은부채, 쑥부쟁이, 처녀치마, 개망초, 토끼풀, 개망초, 민들레, 쇠비름, 왕고들빼기, 까마중, 환삼덩굴, 엉겅퀴, 돌콩, 우슬초, 달개비

모국어 살이 오르듯 푸르게 크거라

텃새들 불러들여 둥지도 틀게 한다

박새, 뱁새, 꿩, 산비둘기, 직박구리, 참새, 까치, 동박새, 곤줄박이, 딱따구리, 동박새, 딱새, 때까치, 멧비둘기, 방울새, 뿔종다리, 어치, 오목눈이, 직박구리···

모국어 사랑을 나누듯 뜨겁게 크거라

천지에 비 그치고 공기 달달 해지면

영락瓔珞 같은 햇살이 벌떼처럼 몰려와

나무, 풀, 새들을 위해서 종일 붕붕 대겠지

그러면 나는 잘 익은 모국어들을

농부의 심정으로 한 상자 거두어서

희망이 바닥난 이에게 택배로 부칠 거야

울산배

잘 익은 모국어

속살 같은 울산배

와삭와삭 씹어야

과즙이 고인다

발화가 발효되는 동안에

극락을 느끼듯이

그 순간의 입안은

시학詩學의 수원지

몸에 진저리를 대는

청음의 봇도랑

오, 귀에 닿기도 전에

통정하는 모국어

해설

감각과 현실의 조응

이우걸(시인)

1

좋은 시집에는 독자들이 찾아야 할 몇 가지 열쇠가 있다. 물론 그 열쇠가 고정적인 것은 아니어서 감상하고 해석하기에 따라 다를 수 있다. 또 열쇠를 쉽게 찾을 수 있도록 장치한 시집도 있고 반대로 꼭꼭 숨겨둔 시집도 있다. 신춘희 시인의 시집은 대체로 전자에 속한다. 지겹게 독자와 숨바꼭질을 하게 해서 시조 특유의 임팩트 있는 감흥의 순간을 늦출 이유가 없기 때문일 것이다. 나는 이 시집의 열쇠 이름으로 '미적 감각과 현실 의식'을 떠올렸다.

그는 미적 감각을 지닌 시인일 뿐 아니라 적극적으

로 그 감각을 작품에 투영하고자 노력하는 날카롭고 섬세한 시인이다. 실제로 그의 시어들은 독자가 눈을 맞추길 바라는 경우보다 시어가 독자의 눈을 응시하는 듯한 경우가 많다. 그만큼 역동적인 태도를 취하고 있다. 특히 이번 시집은 그런 특징을 더 많이 보여준다. 아울러 현실에 대한 그의 태도는 다분히 저널리스트적이다. 생활 현장을 담아내고자 하는 그의 의식은 시집 곳곳에서 창의적 열정이 되어 불꽃처럼 타오른다.

2

그의 시집들은 그가 두 가지 의미에서 스스로와 싸우며 치열하게 시조를 쓴다는 느낌을 준다. 그 하나는 80년대 시조 시인의 한 개성으로서의 위상 확보를 위한 노력이고 다른 하나는 '이 시집이 전작 시집들과 어떻게 다른 색깔을 가지고 있는가?'라는 독자들의 질문에 확실한 답변을 제공하기 위한 몸부림이다.

그는 매일 도서관에서 읽고, 대중 강연을 하고, 끊임없이 쓴다. 빈틈없는 시간관리 습관은 그의 직장생활이 가르쳐준 것인지도 모른다. 촌음을 다투는 곳에서 정확하고 빠른 정보를 전해야 하는 일을 업으로 했기 때문이다. 그의 삶을 지탱해준 칼날 같은 세칙들은 오늘도 그의 일상을 감시하고 있을 것이다. 노년에 들어서서도 변치 않는 창작열을 통해 보여주는 그 성과는 건강과 더불어 그런 생활습관이 언어낸 결실이라고 밖엔 달리 해석할 길이 없다. 그런 가운데 이번 작품집은 특히 새로운 실험과 그에 상응하는 놀라움을 보여주고 있다.

살은 다 추리고 뼈들만 남겼다
선이 지나가다 잠시 숨 고른 자리
함박눈 물이 올라서 유두처럼 솟았다

단원은 말했지, 내일 굶어 죽어도
오늘 매화를 시처럼 즐기겠다!
아 나는, 얼마나 죽어야, 저 경지에 닿을까

-「단원의 백매」 전문

빼어난 서정 시조다. 특히 첫수의 3장은 팽팽한 긴장감을 지닌 명구다. '살은 다 추리고 뼈들만 남겼다'

고 했을 때의 이 그림은 매화를 품격 높은 고절孤節로 바꾸어 놓는다. 둘째, 셋째 장 '선이 지나가다 잠시 숨 고른 자리/함박눈 물이 올라서 유두처럼 솟았다'라고 했을 때의 시각적 묘미는 놀라운 감동을 준다. '유두'는 의외의 상상이며 어떤 도발적인 해방감을 준다. 뻔한 관습적 상상을 깨뜨리는 격외의 언어, 자유의 언어다. 잠시 누려보는 그만의 에로티시즘이다.

둘째 수의 메시지는 앞에서 그려 보인 회화적 이미지와 다르게 의미를 강화시킨다. 단원의 그림을 수많은 사람들이 예찬하고 노래해 왔다. 그러나 이처럼 육감적 표현으로 정신의 영역에 닿게 한 감동적인 작품을 나는 본 기억이 없다.

겨울비 받아서 손가락으로 으깬다
터지는 소리가 현보다 드맑다
파동이 파장과 부닥쳐 물크러지는 물즙
혀끝을 대 본다/달보드레한 질감
젖꼭지처럼 봉곳하다/물집의 껍질이
혼처럼 고물거린다/봄이라는 배아가

-「감각을 읽다」 전문

감각 묘사의 극치를 보여준다. 현실 분위기나 주위 환경을 개입시키지 않고 아름다운 우리말을 동원해 시인만의 풍경으로 겨울비를 그려내고 있다. '으깬다' '물크러지는 물즙' '달보드레한' '봉곳하다' '고물거린다' 등의 표현이 어우러져 감각적이면서도 순정한 서정 시조가 되었다.

'알박기'라는 말에는/폭력이 가득하다

알은 우주라서/부화가 되는데

사람들, 무지막지하게/생명에 못 박는다

–「역설적」 전문

겉은 바삭하고 속은 촉촉한 창수
겉은 촉촉하고 속은 바삭한 종남
오늘도 두 친구에게 속과 겉을 배운다

–「공부」 전문

말놀이에 가까운 작품들이지만 예사롭지 않은 언어 감각과 세태풍자의 묘미를 보여준다. 우리는 한편의 새로운 시를 쓰기 위해 얼마나 많은 언어의 들판을 헤매는가. 때로는 이미 우리 생활 속에 침투해 있는 외래어까지 시어로 앉혀보기도 하지만 우리 말의 숨어 있는 맛을 찾기 위해 고심하는 시인도 있다. 귀한 작업이 아닐 수 없다. 신춘희 시인은 곧잘 국어사전을 뒤지곤 한다. '바삭바삭' '촉촉' '겉' '속' 같은 살가운 우리말의 적절한 활용은 아마도 그런 독서습관이 가져다준 지혜가 아닐까 하는 생각을 하게 된다.

남쪽 마을 통영이 코발트블루로 익고 있다
파도와 포말은 누비질 한창이고
하늘과 바다의 입술은 선으로 포개졌다

고래의 물기둥에 모닥불 지피는 저녁
호텔 테라스에서 홍시 칵테일을 마신다
섬들은 중년의 아이스크림, 고독한 주전부리

-「소묘」 전문

통영은 미항으로 이름난 도시다. 이 시에서 화자는 통영 바다 풍경을 세밀하게 사생하고 있다. '파도와 포말은 누비질이 한창이고 하늘과 바다의 입술은 선으로 포개졌다'라는 묘사는 자연 그대로의 아름다운 스케치다. 둘째 수 역시 마찬가지다. 그래서 제목까지 '소묘'다. 그러나 종장의 경우는 화자의 견해가 해학적으로 스며 있다.

나무의 숨소리 너무 듣고 싶어서
연필을 깎는다, 깊고 푸른 밤
소리가 귀에 쌓인다, 사각사각 사각사각

배나무 가지를 스치는 달보다
여리고 맑고 고와서 애틋한 소리
글자에 물이 올라서 종이는 촉촉하다

왜 이리 살가울까, 부푸는 소리들
나무 심 끝에서 새순이 돋는다
아 시詩다, 아니 에세이다, 슈만의 꿈이다

–「봄밤의 은유」 전문

봄을 기다리는 시인의 마음이 섬세하게 그려져 있다. 연필 깎는 소리 '소리가 귀에 쌓인다, 사각사각'이나 '글자에 물이 올라 종이는 촉촉하다'는 표현, '나무 심 끝에서 새순이 돋는다'는 이미지들은 어린이의 상상화에서나 봄직한 그지없이 천진하고 무구한 꿈의 이미지다. 이것이 문학이고 음악이 아니면 무엇이겠는가. 모국어에 대한 그의 남다른 애착과 감각들은 시집 곳곳에서 발견되는 돌올한 개성이라 할 수 있을 것이다.

3

현실에 대한 그의 의식은 투철하다. 그는 주위의 모든 환경들에 대해 끊임없이 말 걸기를 시도한다. 우리 시조가 지녀야 할 현대성이나 현장성을 늘 생각하고 꾸준히 작품에 투영한다. 병풍의 그림처럼 아무리 아름답고 독특한 그림을 그린다 한들 그것이 오늘 우리의 삶을 반영하지 못한다면 무슨 의미가 있겠는가. 시, 동시 등 여러 운문 장르를 거쳐 마침내 모국어에 굳건히 뿌리 두고 있는 시조의 현대화를 위해 투신하기로 작정하고 돌아온 시인이다. 이러한 지론은 지금까지 간행된 그의 시조집에 잘 피력되어 있다. 이 시집에서도 그 시각은 분명하다.

- 한국 민주주의를 높이 평가한다

- 국민이 권력에 진실을 말했다

- 한국의 헌법재판소는 미국 대법원보다 윤리적이다

결국 권력은 좌파 우파가 아니다

옳고 그름이 정확한 중추다

그래야 모든 권력이 국민으로부터 나온다

–「외신 보도」 전문

보도된 뉴스를 그대로 인용한 작품이다. 둘째 수에는 화자의 생각이 담겨있다. 한국의 정치 현실을 기사 그대로 독자에게 전함으로써 한 번 더 사유하도록 유도한다. 시인은 때로 예언자일 수도 있고, 사회운동가일 수도 있고, 교사일 수도 있다. 또 어떤 때는 그저 평범하게 우의를 나누는 이웃일 수도 있다. 이 작품은 현실 정치에 대한 자신의 소신을 피력한 시조다. 다음 작품에서도 그런 현실 인식의 의지를 발견할 수 있다.

수박은 겉은 푸른데 속은 붉다

사과는 겉은 빨간데 속은 희다

토마토는 정직한 과일, 겉과 속이 다 붉다

우파인 것 같지만 좌파인 사람
좌파처럼 보이지만 우파인 사람
겉과 속 모두 붉어서 좌파인 사람
가장 위험한 논쟁적 비유가 수박론이다
분단이 가져온 과일의 정치학
중도의 씨를 말려서 중도는 살 수 없다

–「과일의 정치학」 전문

한국 정치의 현실을 질타하는 시다. 시어에 대해 엄격하고 미학적인 시인이지만 현실 의식을 표출할 때는 이웃들과 편하게 나누는 세속의 이야기처럼 평이한 언어에 시적 메시지를 담아 독자에게 건넨다.

손바닥만한 마당에 잔디만 남기겠다고
애기풀 어른 풀 가리지 않고서
모질게 솎아내지만 죽기 살기로 저항한다

전쟁을 치르느라 종일 나만 바쁘다
착한 저 풀들은 아무 죄도 없는데,
그래서 화해하기로 했다 평화협정 맺기로 했다

–「반성문」 전문

제목이 말하는 그대로 반성문이다. 작은 마당에 잔디를 키우기 위해 풀들과 전쟁을 불사하는 자신을 반성하는 글이다. 단순히 생활 속 자신의 행위를 반성하기 위해 쓴 글일 수도 있다. 그러나 독자들은 이 시조를 읽으면서 세계의 평화를 깨뜨리는 강대국 지도자의 모습을 떠올리게 된다. 작자는 이미 그런 복선을 깔아놓고 부조리한 현실을 개탄하기 위해 이 작품을 썼을 것이다.

어느 한 시절, 절정의, 기백에 넘치더니
슬프다, 저것은, 누구의 다비식인가
몰락의 하얀 현장에는 가지 말았어야 하는데

기어이 보고 말았구나, 그것도 푸른 대낮에
언젠가는 나도, 질 수 있다는 필연을
저리도 화사하게 일러주는 수의 같은 꽃잎들

–「벚꽃 엔딩」 전문

한 계절 눈부시게 피었다 지는 꽃을 보고 탄식하는 시조다. 그러나 이 작품 역시 그리 단순하게 읽힐 리는 없다. 철없이 날뛰던 권력의 조락이나 필멸하는 인간의 덧없는 삶을 비유적으로 그려내고 있기 때문이다.

잘 보고, 잘 듣고/바르게 알기 위해서는
느리게, 느리게/바닥을 기면서
사물의 존재에 대해서도/골똘히 집중하자
아득한 거리를/아늑한 거리로
따뜻하게 긍정하면서/느리게, 느리게
그늘을 즐기며 가자/소풍에 들듯이

-「달팽이」 전문

「벚꽃 엔딩」을 읽은 후에 이 작품을 읽으면 인생 교과서를 읽는 느낌이 든다. 이 시집에서는 작자의 역동적인 기질이 여러 모습으로 드러나 있지만 또 한편으로는 나이와 연륜에서 오는 생의 감회와 성찰, 삶을 대하는 작자의 진중한 사유를 느낄 수가 있다.

'관 뚜껑을 닫아봐야 인생은 끝난다'
고인의 이력이 그때부터 회생되듯
지상에 머무는 것들에게는 의미가 없는 말

영결식에서 듣게 되는/이 짧은 조사는

사람을 숙연하게 한다/그것도 아주 많이

시인과 시에게 하는 말 같아서,/그게, 진실이어서,

-「문장으로 남긴다」 전문

칠순을 넘긴 시인에게 어찌 인생에 대한 통찰이나 회한이 없겠는가. 일회적인 인생의 가을에 서서 오로지 시 하나 가슴에 품고 한편의 완성작을 꿈꾸며 끊임없이 탁마해온 시인의 소회다. 바른 시의 길을 가야 한다는 집념, 바른 인생의 길을 가야 한다는 그의 인생관에서 생의 의미를 찾고 있는 그에게 점점 촉박해지는 시간의 유한성을 직시하고 다짐하는 모습을 감지할 수도 있지만 시에 대한 그의 정열만은 조금도 늙지 않았음을 이 시집이 독자들에게 단호하게 강조해 줄 것이다.

4

신춘희 시인이 전작들과 다르게 이번 시집에서 특별히 정성을 기울인 분야가 모국어에 대한 사랑이다. 모국어의 시적 실험이라 할 만한 작품들을 2부에 따로 모아 놓았다. 그러나 시집 전편을 통해 그런 노력을 확인할 수 있다. 이미 인용해서 거론한 작품들은 대체로 그런 면에서도 성공한 작품군에 속한다. 다음 작품을 읽으며 얘기하고 싶다.

1
김수영의 '풀'을 읽다가 골똘히 생각했다
바람과 풀 사이에서 전개되는 격렬이
어쩌면 '진정한 저항'에 처방이 될 수도 있다고
민주주의를 지켜주는 마지막 방어벽은
여의도 국회와 헌법이 아니다
광풍과 미풍 사이에서 연대하는 부드러움

2
누웠다 일어서는/탄력은 정직하다
그 힘의 근원지는/유연한 허리이고
파랗게 물결치는 동력은/뿌리가, 에너지다

–「뿌리의 힘」 전문

작자의 현실 의식이 잘 반영된 작품으로 읽을 수 있다. 치열하게 정쟁하는 여야의 모습을 보면서 '연대하는 부드러움'이 한 처방이 될 수 있다고 생각한다.

그의 정치관이거나 세계관이 담긴 작품을 놓고 신춘희 시인의 모국어 사랑의 이유를 찾고자 하는 것은 엉뚱한 궤변이 아니다. 이번 시집을 관통하는 모국어 사랑은 그의 뿌리 의식과 관련되어 있다. 부드러움이야말로 뿌리이고 그 뿌리를 지키는 처방인 동시에 힘은 곧 부드러움이라는 사실을 강조하는 것이다. 이 생각은 동양사상의 한 흐름이며 노자는 '사람은 살아서 부드럽고 연약하며 죽어서는 굳세고 강하다.'라고 했다. 그래서 노장사상에서는 강한 것은 부드러운 것이고 부드러운 것은 강한 것이라고 했고 부드러움을 잃은 것은 죽음의 부류로 볼만큼 부드러움을 중시했다. 그러나 오늘 우리의 현실에서는 얼마나 강하기를 바라는가.

사무치게 그립다, 고향에서 듣던 비
안개비, 이슬비, 여우비, 가랑비
댓잎에 회초리 치듯 후둑이던 장대비

풀 죽은 푸성귀처럼 객지의 골목을
빗소리와 걷다가 어느 대폿집 구석

그림자 데리고 들어가 구겨지면서 운다

고양이 수염으로 낮잠을 더듬거나
사자의 포효로 마을을 할퀴거나
파랗게 가슴을 흔들던 빗소리 듣고 싶어

-「울며 쓰는 에세이」 전문

부평초처럼 떠돌던 사람에게 사향思鄕은 어쩔 수 없이 찾아오는 곡진한 인간의 귀소본능의 감정이다. 밑바닥에 가라앉은 설움을 노래하기 위해 선택한 언어들은 그 정서를 그려내기에 충분하다. '안개비, 이슬비, 여우비, 가랑비'나 '댓잎에 회초리 치듯 후둑이던 장대비', '푸성귀', '구겨지면서 운다' 등은 부드러우면서도 서러운 고향 생각에 애절하게 젖어들게도 한다. 한편 다음 작품은 실험적이기까지 한 면이 있다.

바늘 실 골무 바늘겨레 실패 실밥
매듭 보풀 인두 인두판 다리미
바늘집 실첩 바늘첩 반짇고리 누비질

감치다 공그르다 깁다 누비다

꿰매다 덧깁다 땀 박다 볼달다
사뜨다 상침질하다 송당거리다 숭덩거리다

사치다 징거매다 징그다 짜깁다
홀치다 창받다 호다 휘갑치다
어머니 바느질하실 때 동무하던 모국어

－「어머니의 모국어」 전문

바느질과 관련 있는 명사와 동사를 나열해 시화했다. 사는 방식이 현저히 달라져서 현대의 일상과는 거리가 멀어진 가사지만 어머니를 생각하면 마치 향수처럼 저절로 떠올리는 세대도 있을 것이다. 그러나 작품 속에 앉힐 때는 시적 긴장감에 기여할 수 있도록 어떤 역할을 주어야 한다. 실험적인 작품으로 비속어를 활용하고 있는 「엿」이나 유머러스한 「해석이 꽁트다」 등이 있고, 「잘 익은 모국어 한 상자」도 시적 긴장감보다는 실험적으로 우리말을 운용해보려 한 시인의 노력으로 기억할 만한 작품이다.

5

한국 현대시는 경제, 정치 사회 등과 호흡하며 함께 발전하고 변모해 왔다. 가난과 전쟁 그리고 민주주의를 노래하면서 새 역사의 물줄기를 만들기 위해 피나는 노력을 경주했다. 현대시조는 해방 전후 민족문학 선구자들의 호소력 있는 이론과 창작 참여로 부활했고 볼 만한 우리 문학 장르의 바탕을 마련했다.

현대성 면에서 자주 지적받아온 부분은 간과할 수는 없지만 60년대 이후 특히 괄목할 만한 실적이 있었고, 70년대에는 '네 사람의 얼굴'을 중심으로 시조의 현대성 확보를 위한 창작과 이론 강화를 통해 하나의 운동으로 펼쳐나갔다. 그 실적은 '네 사람의 얼굴', '네 사람의 노래', '사인행' 등의 창작집과 현장 비평 활동으로 증명된다.

이 운동에 공감하며 자신을 닦아온 80년대 시인 중의 한 사람으로 신춘희 시인을 들 수 있을 것이다. 앞서 말한 바와 같이 그는 시, 시조, 동시를 신춘문예를 통해 등단한 시인으로, 최종적으로 시조에 자신의 시학을 펼쳐 보이고자 피나는 노력을 경주하고 있다. 앞에서 예를 들어 거론한 바와 같이 이번 시집에서 독자들은 신춘희 시인의 깊이 있는 언어 미학적 능력과 현실에 대한 인식과 투영, 그리고 모국어에 대한 사랑, 삶에 스며있는 성찰과 지혜를 마주할 수 있을 것이다.

아울러 그의 행진은 여기서 멈추지 않을 것이다. 그의 작품들은 더 넓은 시조의 지평 확대를 위해 전진할 것이다. 우리 시대의 독자들과 함께 할 수 있는 새로운 시조의 문법을 찾아내기 위해 헤맬 것이다. 시들어 버린 관습적 상상, 겉멋으로 포장된 피상적 사유, 자유를 속박하는 서투른 형식미학, 모범 정답 같은 규격품의 동굴을 빠져나와 더 넓고 새로운 미답지를 찾아갈 것이다. 그것이 지금 그가 찾고자 하는 새로운 세계이고 끊임없이 풀어내야 할 우리들의 과제다. 그의 그런 아방가르드적 노력이 평가 받을 수 있길 기대하며 이 글을 맺는다.

모국어를 읽는 시간

지은이 · 신춘희
펴낸이 · 유정융
펴낸곳 · 주식회사 동학사

1판 1쇄 · 2025년 6월 25일
출판등록 · 1987년 11월 27일 제10-149

주소 · 04083 서울 마포구 토정로53 (합정동)
전화 · 324-6130, 324-6131 | 팩스 · 324-6135
E-메일 | dhsbook@hanmail.net
홈페이지 | www.donghaksa.co.kr
www.green-home.co.kr

ISBN 978-89-7190-909-6 03810

이 시조집은 울산광역시 http://www.ulsan.go.kr , 울산문화관광재단 ULSAN CULTURE & TOURISM FOUNDATION
2025년도 울산예술 지원사업의 지원을 받아 발간되었습니다.